Das Erwachen universeller mütterlicher Liebe

Eine Ansprache von
Sri Mata Amritanandamayi

anläßlich der
weltweiten Friedensinitiative
führender spiritueller Frauen

Palais des Nations, Genf
7. Oktober 2002

Mata Amritanandamayi Center, San Ramon
Kalifornien, Vereinigte Staaten

Das Erwachen universeller mütterlicher Liebe

Herausgegeben von:
Mata Amritanandamayi Center
P.O. Box 613
San Ramon, CA 94583
Vereinigte Staaten

— *The Awakening of universal Motherhood (German)* –

Copyright © 2003 Mata Amritanandamayi Center,
P.O. Box 613
San Ramon, CA 94583, Vereinigte Staaten

Alle Rechte vorbehalten. Kein Teil dieses Buches darf ohne Erlaubnis des Herausgebers, außer für Kurzbesprechungen, reproduziert oder gespeichert werden oder in sonstiger Form – elektronisch oder mechanisch – fotokopiert oder aufgenommen werden. Die Übertragung ist in keiner Form und mit keinem Mittel erlaubt.

Erstausgabe vom MA Center: September 2016

In Deutschland: www.amma.de

In der Schweiz: www.amma-schweiz.ch

In Indien:
  inform@amritapuri.org
  www.amritapuri.org

Inhalt

Gebet 4

Vorwort 7

Dankesrede 27

Das Erwachen universeller mütterlicher Liebe 31

Gebet

असतो मा सद्गमय
तमसो मा ज्योतिर्गमय
मृत्युर्मा अमृतंगमय ।।
।। शान्तिः शान्तिः शान्तिः ।।

Om asato mā sadgamaya
tamaso mā jyotirgamaya
mṛtyormā amṛtaṁ gamaya
Om śāntiḥ śāntiḥ śāntiḥ

Om, führe uns
Aus der Unwissenheit zur Wahrheit,
Aus der Dunkelheit ins Licht,
Von Sterblichkeit zur Unsterblichkeit,
Om, Frieden, Frieden, Frieden.

Amma mit dem Friedenslicht

Vorwort

Die Kraft universeller mütterlicher Liebe

Swami Amritaswarupananda Puri

Das Blutvergießen und die Auseinandersetzungen des Ersten Weltkrieges hatten einen Schock ausgelöst, der bewirkte, dass sich die Nationen der Welt die Hände reichten und ein Tempel des Friedens entstand – der Völkerbund. Der Hauptsitz befand sich in Genf in der Schweiz. In einer Zeit internationalen Kräftemessens war der Völkerbund in der Tat ein Licht, das den Menschen und herrschenden Klassen den Weg zum Frieden wies – darin bestand seine Aufgabe. Obwohl der Zweite Weltkrieg ihm ein Ende bereitete, kamen die Länder der Welt wieder zusammen und riefen die Vereinten Nationen ins Leben.

Vom 6. – 9. Oktober 2002 kamen erneut Nationen in Genf zusammen: zu einem Treffen führender Frauen in den Bereichen Religion und Spiritualität. Organisiert wurde diese Zusammenkunft von der Weltweiten Friedensinitiative führender Frauen in den Bereichen Religion und Spiritualität und dem Weltfriedensgipfeltreffen zur Jahrtausendwende. VertreterInnen von ca. 125 Nationen beteiligten sich an dieser Initiative. Das Haupttreffen am 7. Oktober fand im Tagungsraum (Palais des Nations) der Vereinten Nationen statt.

Am 6. Oktober gab es zwei Höhepunkte. Der erste war das Gebet für Weltfrieden. Dabei gerieten unbeschreiblich tiefe Gefühle in Bewegung, die in ein Gebet aus ganzem Herzen mündeten. Alle Grenzen von Kaste, Religion und Sprache wurden in dem gemeinsamen Strom tiefer Sehnsucht nach Frieden überschritten.

Ungefähr um 15 Uhr erschien Amma am Eingang des Hotels Beau-Rivage im Herzen von Genf. Die Initiatoren der FrauenFriedensinitiative, Dena Merriam und der Generalsekretär des Friedensgipfeltreffens, Bawa Jain, empfingen Amma. Sie blieb nicht lang. Das offizielle Fernsehteam für das Gipfeltreffen, die Ruder Finn Group, und eine amerikanische Dokumentarfilmgesellschaft, One Voice International, baten Amma um ein Interview.

Frage der Ruder Finn Group: "Welchen Weg zu Weltfrieden gibt es, falls es überhaupt einen gibt?"

Amma lächelte und antwortete dann: "Das ist eigentlich sehr einfach. Zunächst sollte ein Wandel im Inneren der Menschen stattfinden. Dann wird sich die Welt automatisch verändern und es wird Friede herrschen."

Frage: "Was für ein Wandel?"

Amma: "Veränderungen, die sich durch die Verinnerlichung spiritueller Prinzipien ergeben."

One Voice International stellte Amma dann die Frage: "Was kann getan werden, um die Einstellung der Männer und der Gesellschaft zu ändern, die Frauen als untergeordnet betrachten?"

"Eine Frau sollte an ihrer wahren inneren Mütterlichkeit festhalten," lautete Ammas Antwort, die bei ihr so natürlich klang.

Frage: "Meint Amma damit, dass sie nicht in andere Bereiche der Gesellschaft vordringen sollte?"

Amma: "Nein, Amma ist der Ansicht, dass sich die Frau in alle Bereiche der Gesellschaft hineinbegeben sollte. Aber bei allem was sie tut, sollte sie tiefen Glauben an die Kraft der

Das Erwachen universeller mütterlicher Liebe

Mütterlichkeit haben. Ohne dieses Vertrauen werden die Aktivitäten in allen Bereichen nicht zum Fortschritt der Frauen beitragen, sondern sie schwächen."

Frage: "Welcher Ansicht ist Amma hinsichtlich der generellen Haltung der Männer?"

Amma: "Sie sind auch Ammas Kinder. Aber selbst jetzt fällt es ihnen schwer, innerlich den Respekt nach zu vollziehen, den sie äußerlich der Ehefrau, Mutter oder Schwester zeigen. Sie glauben allgemein mehr an Muskelkraft."

Als sie die Antwort hörten, brachen sowohl die männlichen als auch weiblichen Mitglieder des Fernsehteams und andere Anwesende in Lachen aus.

Dann stellte Debra Olsen von One Voice International Amma eine Feuerwehrfrau aus New York vor: "Das ist Jennifer aus New York. Am Tag des Terroristenanschlags auf das Welthandelszentrum (World Trade Center) half sie dort, das Feuer zu löschen. Sie hat sich noch immer nicht ganz von dem Schock der Katastrophe erholt. Amma möge sie bitte segnen."

Vielleicht dachte Amma an das Schicksal Tausender hilfloser und unschuldiger Menschen, die an jenem Tag den Feuertod fanden – jedenfalls

Vorwort

spiegelten ihr Gesicht und ihre Augen Kummer und Leid. Als sie Jennifer liebevoll umarmte und deren Tränen abwischte, wurden auch ihre eigenen Augen feucht. Tränen füllten auch die Augen aller, die diese herzbewegende Szene miterlebten.

Jennifer hatte einen Stein und einen zerquetschten Schlüssel vom Unglücksort mitgebracht. Jetzt wird dieser Ort "Ground Zero" genannt. Als sie Amma diese Dinge zeigte, sagte sie: "Ich weiß nicht genau, warum ich diese Gegenstände mitgebracht habe. Jedenfalls war es mir ein Bedürfnis, die Pein der Opfer mitzubringen. Und ich hegte die Hoffnung, sie mit einem anderen Gefühl wieder mit nach Hause zu nehmen. Ich bin mit soviel Wut hergekommen und wünsche, etwas Frieden in meinem Herzen zu finden." Mit diesen Worten reichte sie Amma den Schlüssel und den Stein. Amma nahm beide Gegenstände respektvoll entgegen, hob sie vor ihr Gesicht und küsste sie.

Jennifers Gesicht strahlte. Sie schien in tiefen Frieden eingetaucht zu sein.

"Jennifer glaubt nicht an Gott oder an irgendeine Religion. Aber sie verspürt Liebe und Mitgefühl mit den Leidenden. Ist es für sie notwendig, zu einem Gott zu beten?" fragte Debra Olsen.

Das Erwachen universeller mütterlicher Liebe

Ammas Antwort lautete: "Gott ist Liebe und Mitgefühl für die Leidenden. Wer ein solches Herz hat, benötigt nicht unbedingt (theoretischen, äußerlichen) Glauben an Gott.

Es wurden viele weitere Fragen gestellt. Wunderbar einfache Antworten flossen von Ammas Lippen.

Im Anschluss an das Interview kam die bekannte Hollywood-Schauspielerin Linda Evans. Sie war hocherfreut über die Begegnung mit Amma. "Ich habe so viel über dich gehört, aber jetzt erst habe ich die Chance, Dich zu sehen. Welch ein Segen!"

Während sie Linda liebevoll umarmte, sagte **Amma:** "Im realen und auch im Rollenleben ist Bewusstheit erforderlich."

"Darum bemühe ich mich. Ich brauche Ammas Segen dafür," entgegnete Linda.

Sie betrachtete Amma noch eine Weile, dann fragte Linda: "Worin bestehen Ziel und Zweck universeller Mütterlichkeit?

Amma: "Es handelt sich um eine Geisteshaltung – Weitherzigkeit."

Linda: "Wie entwickeln wir sie?"

Amma: "Diese Kraft ist weder von uns getrennt, noch kann sie von außen gewonnen

Vorwort

werden. Sie liegt in uns. Sobald uns das klar geworden ist, wird die universelle Mütterlichkeit spontan in uns erwachen."

Zu diesem Zeitpunkt traf die weltbekannte Primatologin Dr. Jane Goodall ein, um Amma zu begegnen. Bawa Jain, Dena Merriam, die kambodschanische Prinzessin Ratna Devi Noordam und die stellvertretende Vorsitzende der weltweiten Friedensinitiative führender Frauen in den Bereichen Religion und Spiritualität, die Geistliche Joan Campbell, waren ebenfalls anwesend. Amma gab ihnen allen Darshan. Es schien, dass Dr. Goodall nicht genug davon bekommen konnte – wie oft Amma sie auch umarmte. Sie sagte: "Du bist so unbeschreiblich liebevoll." Nach einer Pause fügte sie hinzu: "Außerdem unvergleichlich."

Dr. Goodall, die 20 Jahre mit Tieren in afrikanischen Dschungeln verbracht hatte, um ihr Verhalten, insbesondere das von Schimpansen, zu erforschen und zu verstehen, stellte Amma die Frage: "Glaubst Du, dass Tiere das menschliche Herz verstehen und darauf reagieren können?"

Amma: "Tiere verstehen mit Sicherheit das menschliche Herz und reagieren entsprechend

Das Erwachen universeller mütterlicher Liebe

darauf. Sie verstehen es vielleicht besser als die Menschen. Amma hat das selbst erfahren."

Sie erzählte Dr. Goodall ihre Erlebnisse jener Jahre, die sie in der Natur und mit Tieren verbrachte. Sie berichtete von dem Hund, der ihr Essenspakete brachte; dem Adler, der rohen Fisch in ihren Schoß fallen ließ; der Kuh, die aus ihrem Stall gelaufen kam und sich so vor Amma hinstellte, dass sie direkt von ihrem Euter trinken konnte; dem Papagei, dem auch die Tränen kamen, wenn sie unter Tränen Bhajans sang und den Tauben, die während ihres Gesangs vor ihr tanzten.

Dann war es an der Zeit, in die Halle zu gehen. Erst nach Ammas Gebet und der Rezitation des Shanti-Friedensmantras konnten sich die Delegierten und andere Teilnehmer zum Englischen Garten im Herzen von Genf begeben, wo die Abschluss-Sitzung des Tages stattfinden sollte.

Als Amma die Halle betrat, wurde sie von den Delegierten empfangen. Anschließend leitete sie das Gebet für Weltfrieden *lokah samastah sukhino bhavantu*, das sie drei Mal rezitierte. Alle wiederholten dann zusammen das Mantra. Bevor die Wellen des Friedensmantras verklungen waren,

Vorwort

führte Amma noch eine 10-minütige "Ma-Om"-Meditation. Als sie mit einem Gebet in Sanskrit von Sri Shankaracharya (*nirvanashtakam*) endete, konnten die Delegierten der verschiedenen Nationen den Segen des Pulsierens von Kraft und Frieden in sich verspüren.

Im Englischen Garten war Amma die erste Sprecherin. In ihrer Friedensbotschaft äußerte sie: "Jeder braucht Frieden. Aber die Mehrheit möchte herrschen und niemand will dienen. Wird das nicht nur zu Krieg und Konflikten führen? Wie kann es unter solchen Umständen Frieden geben? Der echte Diener ist der wahre König. Ist nicht die Milch einer schwarzen, weißen oder braunen Kuh stets weiß? In ähnlicher Weise ist das eigentliche Wesen aller Menschen das gleiche. Frieden und Zufriedenheit sind für alle gleich. Alle, die den Wunsch danach haben, sollten zusammen arbeiten."

Am Ende des zeremoniellen Treffens riefen die Delegierten gemeinsam: "Wir wollen keinen Krieg und keine Kriminalität, wir möchten nur Frieden." Als Zeichen dafür, dass das Licht des Friedens die Dunkelheit von Krieg und Konflikt vertreibt, zündeten die Delegierten Kerzen an und hielten sie in die Höhe. Dann stellten sie sich

Das Erwachen universeller mütterlicher Liebe

so auf, dass sie das Wort P-E-A-C-E (Frieden) formten.

Am 7. Oktober, dem Haupttag der Initiative, traf Amma um 9 Uhr in der Tagungshalle ein. Bawa Jain und Dena Merriam hießen sie willkommen. Die Halle war randvoll mit spirituellen Lehrern und führenden Persönlichkeiten verschiedener Religionen. Es folgte eine Rede nach der anderen über die Freiheit der Frau und ihre Probleme in der Gesellschaft. Einschränkungen, Lösungen und Ratschläge wurden mit lobenswerter Sachlichkeit und ohne unnötige Kritik oder unterschwelliges Eigeninteresse dargestellt und analysiert.

Eine Frau und ihre Mütterlichkeit sind nicht zweierlei. Die Zusammengehörigkeit fand ihre Bestätigung in der angenehm klaren Atmosphäre, die bei der Tagung herrschte. Die Bescheidenheit der Organisatoren und der absolut pünktliche Tagesablauf verdienen, besonders hervorgehoben zu werden.

Um 11 Uhr sprachen Expertinnen aus den Reihen der führenden Frauen in Religion und Spiritualität von den Philippinen, aus Thailand, Israel, China, Afghanistan und Ruanda über "Frauen und ihre Beiträge zum Frieden in der Welt." Anschließend brachte Frau Susan Deihim

Vorwort

aus dem Iran das weltweite Verlangen nach Frieden mit einem Lied zum Ausdruck.

Um 11 Uhr 20 betrat Dena Merriam das Podium. Lächelnd blickte sie in die Versammlungshalle und sagte: "Als nächstes kommen wir zum Höhepunkt dieser Veranstaltung – zur Verleihung des diesjährigen Gandhi-King-Preises für Gewaltlosigkeit. Ich bitte respektvoll Sri Mata Amritanandamayi zum Podium zu kommen, um die Auszeichnung entgegen zu nehmen."

Als Amma in ihrer charakteristischen Bescheidenheit und Schlichtheit mit gefalteten Händen auf das Podium zuging, erhoben sich alle Delegierten und spirituellen LeiterInnen in der Versammlungshalle der Vereinten Nationen und applaudierten kräftig.

Der Hochkommissar für Menschenrechte der Vereinten Nationen, Seine Exzellenz Sergio Vieira de Mello begrüßte Amma und führte sie auf das Podium. Bawa Jain stellte ihn Amma vor. In ihrer üblichen Weise umarmte Amma ihn und küsste seine Hand, woraufhin Seine Exzellenz liebevoll beide Hände Ammas küsste.

Anschließend sprach Bawa Jain einige Minuten lang. Er nannte die Namen derjenigen, denen zuvor der Gandhi-King-Preis verliehen worden

Das Erwachen universeller mütterlicher Liebe

war: Kofi Annan (1999), Nelson Mandela (2000) und Jane Goodall (2001). Dann bat er Dr. Goodall, Amma der Versammlung vorzustellen und ihr den Preis zu überreichen.

"Ich betrachte es als eine große Ehre, hier mit einer solch außergewöhnlichen Frau zu stehen, die alle guten Werte in sich verkörpert. Ihr Leben verlief ungewöhnlich. Sie hielt sich von Anfang an nicht an die Tradition. Sie wurde in eine arme Familie geboren. Da ihre Hautfarbe dunkler war als die ihrer Geschwister, wurde sie von ihrer Familie wie ein Dienstmädchen behandelt. Aber sie begann die göttliche Gegenwart in sich zu spüren. Sie fühlte sie so stark, dass sie dieses Glück mit anderen teilen wollte, die ein weniger gutes Los hatten. Und wiederum entgegen den traditionellen Gepflogenheiten begann sie, trostbedürftige Menschen zu umarmen. Der Sitte nach durften Frauen jedoch keine Fremden berühren. Mit ihrer wundervollen Umarmung, die ich gestern erleben durfte, hat sie über 21 Millionen Menschen Trost und Stärkung gebracht. Stellen Sie sich das einmal vor: 21 Millionen Menschen! Darüber hinaus hat sie ein

Vorwort

riesiges Netzwerk von Wohltätigkeitsdiensten errichtet – Schulen, Krankenhäuser, Waisenhäuser, Häuser für Mittellose... zu viel, um alles aufzuzählen. Und schließlich setzte sie, wiederum entgegen den traditionellen Gepflogenheiten, als Erste Priesterinnen in traditionellen Tempeln ein. Ihrer Meinung nach unterscheidet Gott nicht zwischen Geschlechtern; und ich glaube, dass göttliche Liebe in menschlicher Gestalt hier vor uns steht." Dr. Goodall beendete ihre Ansprache unter heftigem Applaus, der nicht zu Ende zu gehen schien.

Dann erfolgte die Übergabe der Auszeichnung. Als Dr. Goodall Amma den 2002-Gandhi-King-Preis überreichte, erhob sich in der Versammlungshalle der Vereinten Nationen eine Welle tiefer Ergriffenheit, die in einem langen Applaus mündete. Bawa Jain bat Amma anschließend, zum Thema "Die Kraft von Mütterlichkeit" zu sprechen.

Amma begann mit anerkennenden Worten für Mahatma Gandhi and Martin Luther King Jr. Sie äußerte die Ansicht, dass beide Männer so erfolgreich waren, weil sie die Anerkennung der Öffentlichkeit hatten und aus einem reinen Herzen heraus handelten. Weiter führte sie aus, dass der Preis für jene sei, die nach Weltfrieden und Zufriedenheit strebten und sie die Auszeichnung an deren Stelle annehme. Amma betete ferner um mehr Kraft und Mut für alle, die sich für Weltfrieden einsetzen.

Amma erinnerte alle Anwesenden daran, dass Gandhi von einer gewaltfreien Welt träumte.

> Eine Welt ohne jegliche Diskriminierung war der Traum Martin Luther Kings. In ihrem Gedenken möchte Amma ihre eigene Zukunftsvision darlegen: Es ist die Vision einer Welt, in der Männer und Frauen gemeinsam voranschreiten, einer Welt, in der von allen die Tatsache respektiert wird, dass Männer und Frauen gleichwertig sind wie die zwei Flügeln eines Vogels. Ohne eine völlige Ausgewogenheit dieser zwei Aspekte kann sich die Menschheit nicht weiterentwickeln.

Sie fuhr fort:

> In Ammas Augen sind Männer und Frauen gleichwertig. Sie möchte offen ihre Ansichten zu diesem Thema äußern. Diese Beobachtungen treffen nicht unbedingt auf jeden zu, jedoch auf die Mehrheit. Zurzeit

Vorwort

schlafen die meisten Frauen, sie müssen erwachen und aufstehen! Das Erwachen der ruhenden Kraft der Frauen zählt zu den dringendsten Notwendigkeiten unserer Zeit.

In den nächsten 20 Minuten strömte ein gangesgleicher Fluss grundlegender Wahrheiten: Die innere und äußere Natur der Frau, ihre Tiefe, ihr inneres Spektrum und ihre Begrenzungen; die Schwächen der Frau und Bereiche, wo sie achtsam sein sollte; die unbegrenzte latente Kraftquelle des Weiblichen… Während Amma all diese Themen mit überzeugender Klarheit und Kenntnis darlegte, hörte die Versammlung in meditativer Stille zu. In diesen Augenblicken waren die unmittelbare Kraft von Ammas Worten und die Gegenwart ihrer universellen Mütterlichkeit deutlich spürbar.

Das Wesen der Mütterlichkeit ist nicht auf Frauen begrenzt, die Kinder geboren haben. Es handelt sich vielmehr um ein Prinzip, das sowohl den Frauen als auch den Männern innewohnt. Es hat mit der inneren Einstellung zu tun. Es bedeutet Liebe – und dass Liebe der Lebensatem ist. Niemand würde sagen: 'Ich atme nur, wenn ich mit meiner Familie und meinen Freunden zusammen

Das Erwachen universeller mütterlicher Liebe

bin; ich atme nicht in der Anwesenheit meiner Feinde.' In vergleichbarer Weise gehören Liebe und Mitgefühl jedem gegenüber so sehr zum Wesen jener, in denen die Mütterlichkeit erwacht ist, wie der Atem selbst.

Das kommende Zeitalter sollte dem Erwachen der universellen mütterlichen Eigenschaften gewidmet werden. Nur dann ist es möglich, unseren Traum von Frieden und Harmonie zu verwirklichen." Als Amma ihre Rede beendete, stand die Versammlung spontan auf und applaudierte laut.

Am Ende dieses Programmpunktes eilte eine größere Anzahl von Teilnehmern auf Amma zu, um das 1,50 m große Wunder von Nahem zu betrachten, ihr zu begegnen und ihren Darshan zu erhalten. An anderer Stelle gab es einen großen Andrang, um ein Exemplar ihrer Rede zu bekommen.

Während dieses Geschehens traf Bawa Jain ein, um Amma zu bitten, sich mit anderen Delegierten photographieren zu lassen. Wo immer Amma hinging, folgten ihr Leute, wie die Bienen ihrer Königin. Es war schwierig für Bawa Jain, bis zu Amma durch zu kommen. Schließlich sagte

Vorwort

er zu denen, die sie umringten: " He, sie ist auch meine Mutter, gebt mir auch eine Chance!"

In Begleitung von Rev. Joan Campbell, Dr. Goodall, der kambodschanischen Prinzessin, Bawa Jain und Dena Merriam verließ Amma die Versammlungshalle. Auf der Veranda vor der Halle wartete die stellvertretende Vorsitzende des weltweiten FrauenFriedenstreffens, Dr. Saleha Mahmud Abedin aus Pakistan auf Amma. Als die islamische Gelehrte und Sozialistin Amma sah, ging sie sofort zur Begrüßung auf sie zu. Amma umarmte sie sehr liebevoll. Als sie mit dem Kopf auf Ammas Schulter gelehnt dastand, flüsterte Dr. Saleha: "Welch ein Segen, dass Du heute hier bei uns bist."

Nach dem offiziellen Fotografieren bat die Christian Broadcasting Corporation Amma um ein Interview.

Frage: "Amma umarmt die Menschen, die zu ihr kommen. Kann das helfen, Frieden zu erreichen?"

Amma: "Es ist mehr als nur eine Umarmung. Es werden dabei spirituelle Prinzipien geweckt. Unser innerstes Wesen ist Liebe. Liebe motiviert unser Leben, nicht wahr? Wo Liebe herrscht, gibt es keine Konflikte, sondern nur Frieden."

Das Erwachen universeller mütterlicher Liebe

Frage: "Amma, Sie haben Anhänger in der ganzen Welt. Werden Sie von ihnen allen verehrt?"

Amma: "Amma verehrt sie, da sie in allen Gott sieht. Für sie wohnt Gott nicht oben im Himmel, sondern in allem, das wir sehen. Amma liebt alle und alles. Entsprechend kommt Liebe zurück. Liebe fließt von beiden Seiten. In Liebe gibt es kein Getrenntsein, nur Einheit und reine Liebe."

In der Tat ist das das Geheimnis des großen Wunders, das die ganze Welt anzieht. Es ist der Liebesfluss – nektargleich und nie endend wie der Ganges, der Fluss der Kraft einer unbeschreiblichen Mütterlichkeit.

Swami Amritaswarupananda
Amritapuri, Kerala, Indien

Weltweite Friedensinitiative führender spiritueller Frauen

Palais des Nations, Genf.
7 .Oktober 2002

Dieser Preis wurde im Gedenken an zwei große Persönlichkeiten ins Leben gerufen – Mahatma Gandhi und Dr. Martin Luther King. Amma betet aus diesem Anlass dafür, dass all die Menschen in der Welt, die für Frieden wirken und beten, Stärkung und Inspiration erhalten und dass sich immer mehr Menschen für den Weltfrieden einsetzen. Amma nimmt die Auszeichnung an ihrer Statt entgegen. Da Ammas Leben der Welt gewidmet wurde, hat sie keine Ansprüche.
– Amma

Dankesrede

*anlässlich des Empfangs des
Gandhi-King-Preises 2002*

Amma verneigt sich vor Ihnen allen, die wahrhaft die Verkörperung der höchsten Liebe und des reinen Bewusstseins sind.

Dieser Preis wurde im Gedenken an zwei große Persönlichkeiten ins Leben gerufen – Mahatma Gandhi und Dr. Martin Luther King. Amma betet aus diesem Anlass dafür, dass all die Menschen in der Welt, die für Frieden wirken und beten, Stärkung und Inspiration erhalten und dass sich immer mehr Menschen für Frieden auf der Welt einsetzen. Amma nimmt die Auszeichnung an ihrer Statt entgegen. Da Ammas Leben der Welt gewidmet wurde, hat sie keine Ansprüche.

Sowohl Mahatma Gandhi als auch Dr. Martin Luther King träumten von einer Welt, in der Menschen ohne irgendwelche Vorurteile anerkannt und geliebt werden. Im Gedenken an diese beiden Männer möchte Amma ebenfalls eine Zukunftsvision präsentieren: Es ist die Vision einer Welt, in der sich Männer und Frauen gemeinsam fortentwickeln, einer Welt, in der alle

Das Erwachen universeller mütterlicher Liebe

Männer die Tatsache anerkennen, dass Männern und Frauen der gleiche Wert zukommt wie den zwei Flügeln eines Vogels. Ohne eine völlige Ausgewogenheit dieser zwei Aspekte kann sich die Menschheit nicht weiterentwickeln.

Dr. King verfügte über den Mut eines Löwen, doch sein Herz war so sanft wie eine Blume. Er riskierte sein Leben für Liebe, Gleichheit und andere noble Ideale, denen er hohen Wert beimaß. Er hatte lang und zäh gegen seine eigenen Landsleute zu ringen. Und Mahatma Gandhi beließ es nicht bei bloßen Worten. Er setzte sie in die Tat

Dankesrede

um. Sein ganzes Leben widmete er dem Frieden und der Gewaltlosigkeit. Obwohl er Premierminister oder Präsident Indiens hätte werden können, lehnte Gandhi dies ab, da er keinerlei Verlangen nach Ruhm oder Macht hatte. Vielmehr tröstete er um Mitternacht, als Indiens Unabhängigkeit erklärt wurde, die Opfer, die den Unruhen in einer bestimmten Gegend zum Opfer gefallen waren.

Es ist leicht, jemanden aufzuwecken, der schläft. Man braucht den Betreffenden nur ein oder zwei Mal zu rütteln. Aber eine Person, die vorgibt zu schlafen, kann man hundert Mal vergeblich rütteln. Die Mehrheit der Menschen gehört zur zweiten Kategorie. Es ist höchste Zeit, dass alle wirklich erwachen. Ohne Überwindung der niederen animalischen Neigungen kann unsere Zukunftsvision für die Menschheit nicht Wirklichkeit werden und Frieden bleibt eine Utopie.

Mögen spirituelle Übungen uns den Mut und die Durchhaltekraft vermitteln, um diese Vision zu verwirklichen. Damit das geschehen kann, muss jeder von uns die uns innewohnenden Qualitäten wie Glauben, Liebe, Geduld und Selbstaufopferung für das Wohl aller entdecken und hervorbringen. Das nennt Amma wahre Mütterlichkeit.

Das Erwachen universeller mütterlicher Liebe

*Eine Ansprache von
Sri Mata Amritanandamayi
anläßlich einer
weltweiten Friedensinitiative
führender spiritueller Frauen
Palais des Nations, Genf
7. Oktober 2002*

Amma verneigt sich vor Ihnen allen, die wahrhaft die Verkörperung der höchsten Liebe und des reinen Bewusstseins sind.

Männer und Frauen sind in Ammas Augen gleichwertig. Sie möchte ihre Sichtweise zu diesem Thema offen darlegen. Diese Beobachtungen gelten nicht unbedingt für jeden, jedoch für die Mehrheit der Menschen.

Gegenwärtig schlafen die meisten Frauen. Frauen müssen erwachen und in Aktion treten! Dies ist eine der dringendsten Notwendigkeiten unseres Zeitalters, nicht nur für die Frauen in Entwicklungsländern, sondern für die Frauen auf der ganzen Welt. In Ländern, wo der Materialismus überwiegt, sollten die Frauen zur Spiritualität[1] erwachen. Und wo sie unter dem Zwang stehen, innerhalb der engen Grenzen religiöser Tradition zu verharren, sollten sie zu modernem Denken erwachen. Es war ein verbreiteter Gedanke, dass Frauen und die Kulturen, in denen sie leben, durch Bildung und materielle Entwicklung aufwachen. Die Zeit hat uns jedoch gelehrt, dass dieses Konzept zu beschränkt ist. Nur wenn Frauen neben einer modernen Bildung das ewige Wissen aus alter Zeit und die Weisheit der Spiritualität in sich aufnehmen, wird ihre innere Kraft erwachen und sie werden in Aktion treten.

Wer sollte die Frauen aufwecken? Was hemmt ihr Erwachen? In Wahrheit ist es unmöglich, dass eine äußere Kraft die Frau oder ihre angeborenen

---

[1] Die Spiritualität, die Amma hier meint, bezieht sich nicht auf die Verehrung eines Gottes, der irgendwo über den Wolken thront. Echte Spiritualität bedeutet das Erkennen des (höheren) Selbst und die Verwirklichung der unbegrenzten inneren Kraft. Spiritualität und Leben sind nicht zweierlei, sondern gehören zusammen. Echte Spiritualität lehrt uns rechte Lebensweise in dieser Welt. Die materiellen Wissenschaften vermitteln uns das Wissen von Klimaanlagen für die äußere Welt, die spirituelle Wissenschaft hingegen lehrt uns, wie man die Innenwelt klimatisiert.

Eine Ansprache von Sri Mata Amritanandamayi

---

mütterlichen Eigenschaften – wie Liebe, Mitgefühl und Geduld – behindern kann. Es ist einzig und allein sie selbst, die sich zum Erwachen bringen muss. Die einzige wirkliche Schranke, welche dies vereitelt, ist die Geisteshaltung der Frau.

Die Vorschriften und abergläubischen Vorstellungen, welche die Frauen degradieren, haben in den meisten Ländern noch die Oberhand. Primitive Gebräuche, die von Männern erfunden wurden, um Frauen auszubeuten und zu unterwerfen, sind bis heute lebendig geblieben. Frauen und ihre Denkweise sind im Netzwerk solcher Sitten verstrickt. Sie sind von ihren eigenen Vorstellungen wie hypnotisiert. Sie müssen sich selbst helfen, um sich aus diesem Sog zu befreien. Das ist die einzige Möglichkeit.

Betrachten wir einen Elefanten. Er kann mit seinem Rüssel riesige Bäume ausreißen. Einen gefangenen Jungelefanten bindet man mit einem starken Seil oder einer Kette an einen Baum. Weil es in der Natur der Elefanten liegt, frei umher zu streifen, wird das Elefantenjunge instinktiv mit aller Kraft versuchen, das Seil zu zerreißen. Aber dazu ist es noch nicht stark genug. Wenn es erkennt, dass seine Anstrengungen nichts nützen, gibt es schließlich auf und bemüht sich nicht mehr. Später, wenn der Elefant voll ausgewachsen ist, kann er mit einem dünnen Seil an einen kleinen Baum gebunden werden. Es wäre ihm ein Leichtes sich zu befreien, indem er den Baum entwurzelt oder das Seil zerreißt. Durch die früheren Erfahrungen ist er jedoch konditioniert, er macht nicht den kleinsten Versuch, sich zu befreien.

Die gleiche Situation haben wir bei den Frauen. Die Gesellschaft erlaubt es der Kraft der Frau nicht, in Erscheinung zu treten. Wir haben einen Damm geschaffen, der diese große Kraft daran hindert zu fließen.

Das unendliche Potential in Männern und Frauen ist das gleiche. Wenn Frauen wirklich wollen, wäre es nicht schwierig, die Fesseln der Regeln und Konditionierungen zu zerschlagen, welche die Gesellschaft ihnen aufgezwungen hat. Die größte Stärke der Frauen liegt in ihrer angeborenen Mütterlichkeit, in ihrer schöpferischen, lebensspendenden Kraft. Diese Kraft kann den Frauen helfen, einen weit bedeutenderen Wandel in der Gesellschaft herbeizuführen, als Männer es je könnten.

Veraltete, verkrüppelnde Konzepte der Vergangenheit hindern Frauen daran, spirituelle

Eine Ansprache von Sri Mata Amritanandamayi

Höhen zu erreichen. Diese Schatten verfolgen die Frauen immer noch und bewirken in ihnen Furcht und mangelndes Selbstvertrauen. Von beidem sollten sie sich unbedingt lösen, da es sich um Täuschungen handelt. Die Einschränkungen, die Frauen zu haben glauben, sind nicht real. Sie müssen die nötige Stärke aufbringen, um diese eingebildeten Einschränkungen zu überwinden. Sie besitzen diese Kraft bereits, sie ist in ihnen vorhanden! Ist diese Kraft einmal aktiviert, wird niemand in der Lage sein, den Vormarsch der Frauen in allen Lebensbereichen zu bremsen.

Männer glauben in der Regel an Muskelkraft. An der Oberfläche betrachten sie Frauen als ihre Mutter, Gattin und Schwester. Die Tatsache braucht aber nicht verschwiegen zu werden, dass auf einer tieferen Ebene bei den Männern recht viel Widerstand vorhanden ist, wenn es darum geht, die Frauen und den weiblichen Aspekt des Lebens richtig zu verstehen, anzunehmen und anzuerkennen.

Dies erinnert Amma an eine Geschichte. In einem Dorf lebte eine tief spirituelle Frau, die selbstloses Helfen als Dienst an Gott betrachtete und aus solcher Arbeit große Beglückung gewann. Die religiösen Führer des Dorfes wählten sie als einen ihrer Priester. Sie war die erste Priesterin der Gegend. Ihr tiefes Mitgefühl, ihre Demut und Weisheit wurden von der Dorfbevölkerung sehr geschätzt. Das verursachte unter den männlichen Priestern viel Eifersucht; sie sahen es überhaupt nicht gern.

Eines Tages wurden alle Priester zu einer religiösen Versammlung eingeladen, die auf einer Insel, drei Schiffstunden entfernt, stattfand. Als die Priester das Boot bestiegen, stellten sie unwillig fest, dass die Priesterin schon dort saß. Sie flüsterten unter sich: „Welche Qual! Sie lässt uns einfach nicht in Ruhe!" Das Boot fuhr los. Nach einer Stunde versagte jedoch der Motor. Der Kapitän rief aus: „Oh nein, wir können nicht weiter! Ich vergaß, den Tank zu füllen!" Niemand wusste Rat. Weit und breit war kein anderes Schiff zu sehen. Da erhob sich die Priesterin und sagte: „Keine Sorge, Brüder, ich gehe und hole Benzin!" Nach diesen Worten stieg sie aus dem Boot und ging über das Wasser. Äußerst erstaunt beobachteten die Priester das Geschehen, kommentierten aber gleich darauf: „Schaut sie an! Sie kann nicht einmal schwimmen!"

Das entspricht allgemein der Haltung der Männer. Es liegt in ihrer Natur, die Leistungen der Frauen herabzusetzen und zu missbilligen. Frauen sind nicht dazu da, um Männern als Dekoration zu dienen oder von ihnen beherrscht zu werden. Männer behandeln Frauen wie Topfpflanzen, wodurch es ihnen nicht möglich ist, ihr volles Potential zu entwickeln.

Frauen wurden nicht zum Vergnügen der Männer erschaffen und auch nicht, um Teeparties zu veranstalten. Männer benutzen Frauen wie Tonbandgeräte, über die sie nach Belieben verfügen, als würden sie den Start- und Pauseknopf drücken.

Männer betrachten sich körperlich und intellektuell als den Frauen überlegen. Der Stolz und die Arroganz ihrer inkorrekten Einstellung, nämlich, dass die Frauen ohne Abhängigkeit von Männern in der Gesellschaft nicht überleben können, zeigt sich deutlich in allem, was Männer tun.

Sogar in materiell entwickelten Ländern werden Frauen nicht zugelassen, wenn es darum geht, politische Macht mit Männern zu teilen. Es ist interessant festzustellen, dass die Entwicklungsländer, im Vergleich zu entwickelten Ländern, weit voraus sind, wenn es um Gelegenheiten für Frauen geht, in der Politik aufzusteigen. Wie viele

Frauen sind denn auf der Bühne der Weltpolitik zu sehen? Die wenigen können an den Fingern abgezählt werden. Ist das so, weil Frauen unfähig sind oder ist es auf den Stolz und die Arroganz der Männer zurückzuführen?

Die entsprechenden Umstände und die Unterstützung von anderen werden bestimmt dazu beitragen, dass Frauen erwachen und in Aktion treten. Dies allein genügt jedoch nicht. Es ist notwendig, dass sie sich von diesen Umständen inspirieren lassen und die eigene innere Stärke finden. Echte Kraft und Stärke kommen nicht von außen; sie müssen innen gefunden werden.

Es ist notwendig, dass Frauen ihren Mut entdecken. Mut ist keine körperliche, sondern eine geistige Eigenschaft. Frauen verfügen durchaus über die Kraft, gegen gesellschaftliche Regeln anzukämpfen, die ihren Fortschritt verhindern. Das ist Ammas eigene Erfahrung. Obwohl sich in Indien viel geändert hat, ist es doch ein Land, in dem die männliche Vorrangstellung noch die Regel ist. Sogar heutzutage werden Frauen im Namen von religiöser Konvention und Tradition ausgenutzt. Aber auch in Indien wachen die Frauen auf und engagieren sich. Bis vor kurzem war es den Frauen nicht erlaubt, das Göttliche

Eine Ansprache von Sri Mata Amritanandamayi

im inneren Heiligtum eines Tempels zu verehren. Auch konnten Frauen keinen Tempel einweihen oder vedische Rituale vollziehen. Sie hatten nicht einmal die Freiheit, vedische Mantren zu rezitieren. Amma hingegen ermutigt Frauen dazu und setzt sie für entsprechende Funktionen ein. Und es ist Amma, welche die Einweihungszeremonie in allen Tempeln durchführt, die von unserem Ashram gebaut werden. Es gab viele, die dagegen protestierten, dass Frauen dies tun, denn über Generationen hinweg wurden diese Zeremonien und Rituale nur von Männern durchgeführt. Amma erklärte jenen, die unser Handeln in Frage stellten, dass wir einen Gott verehren, der jenseits aller Unterschiede ist und nicht zwischen Mann und Frau differenziert. Es zeigt sich jedoch, dass die Mehrheit diese revolutionäre Neuerung unterstützt; denn solche gegen Frauen gerichtete Verbote waren eigentlich nie ein Teil der alten Hindu-Tradition. Sie wurden sehr wahrscheinlich später von Männern aus den höheren Gesellschaftsschichten geschaffen, um Frauen auszubeuten und zu unterdrücken. Im alten Indien existierten sie nicht.

Im alten Indien sprach der Gatte seine Frau mit dem Sanskritwort ‚*Pathni*‘ an, d.h. diejenige, die den Gatten durch das Leben führt, oder mit ‚*Dharmapathni*', diejenige, die ihren Mann auf dem Pfad des *dharma* (Rechtschaffenheit und Verantwortlichkeit) lenkt, und mit ‚*Sahadharmacharini*', diejenige, die mit dem Gatten zusammen den Weg des *dharma* beschreitet. Diese Bezeichnungen besagen, dass die Frauen sich mindestens des gleichen Status wie die Männer erfreuten.

In Indien wurde das höchste Wesen nie ausschließlich in der männlichen Form verehrt, sondern auch als Göttin in ihren vielen Aspekten zum Beispiel als Saraswati, der Göttin der Weisheit und des Lernens, als Lakshmi, Göttin des Wohlergehens und als Santana Lakshmi, der Göttin, die in einer Frau neues Leben schafft. Sie wird auch als Durga, die Göttin von Stärke und Kraft verehrt. Es gab eine Zeit, in der die Frau von den Männern als Verkörperung dieser Eigenschaften geehrt wurde. Sie wurde als eine Manifestation der Attribute der Göttin auf Erden betrachtet. Aber zu einem gewissen Zeitpunkt wurde diese tiefe Wahrheit wegen der Selbstsucht bestimmter einflussreicher Männer und ihrem Verlangen nach Macht und Herrschafft entstellt und aus unserer Kultur entfernt. Und so kam es, dass die Menschen die tiefe Verbindung zwischen

Eine Ansprache von Sri Mata Amritanandamayi

der Frau und der göttlichen Mutter vergaßen oder ignorierten.

Es wird im allgemeinen angenommen, der Islam sei die Religion, welche Frauen den niedrigsten Status einräumt. Der Koran hingegen bezeichnet Eigenschaften wie Mitgefühl und Weisheit sowie Gottes essentielle Natur als weiblich.

Im Christentum wird das höchste Wesen ausschließlich als der Vater im Himmel, der Sohn und der heilige Geist verehrt. Der weibliche Aspekt Gottes ist nicht allgemein anerkannt. Christus betrachtete Frauen und Männer als gleichwertig.

Die Bibel sagt, Maria habe Jesus unbefleckt empfangen. Jesus, Krishna und Buddha benötigten eine Frau, um geboren zu werden. Um sich zu inkarnieren, benötigte Gott eine Frau, die all die Schmerzen und Härten einer Schwangerschaft und Geburt durchmachte. Doch sieht niemand die Ungerechtigkeit, die Frauen durch die Beherrschung von Männern widerfährt.

Keine wahre Religion blickt auf Frauen herab oder spricht auf abwertende Weise von ihnen. In den Augen Gottverwirklichter sind beide Geschlechter von gleichem Wert. Wenn

Das Erwachen universeller mütterlicher Liebe

es irgendwo auf der Welt Vorschriften gibt, die Frauen daran hindern, ihr Recht auf Freiheit zu genießen und die ihren Fortschritt in der Gesellschaft blockieren, dann handelt es sich nicht um Gebote Gottes, sondern um Regeln, die durch die Selbstsucht der Männer entstanden.

Welches Auge ist wichtiger, das linke oder das rechte? Beide sind gleich wichtig. Das Gleiche gilt für den gesellschaftlichen Status von Männern und Frauen. Beide sollten sich ihrer jeweiligen Verantwortung, ihres *dharmas*, in der Gesellschaft bewusst sein. Es ist notwendig, dass sich Männer und Frauen gegenseitig unterstützen. Nur so können wir die Harmonie der Welt erhalten. Wenn Männer und Frauen zu sich ergänzenden Kräften werden und zusammen arbeiten sowie mit gegenseitigem Respekt vorangehen, werden sie Vollkommenheit erreichen.

In Wirklichkeit sind Männer ein Teil der Frauen. Jedes Kind liegt zuerst als ein Bestandteil der Mutter in ihrem Schoß. Soweit es um eine Geburt geht, besteht die einzige Aufgabe des Mannes darin, seinen Samen zu geben. Für ihn bedeutet es nur einen Augenblick des Vergnügens, für die Frau hingegen neun Monate lang Einschränkungen. Es ist die Frau, die dieses

Eine Ansprache von Sri Mata Amritanandamayi

Leben erhält, empfängt und zu einem Bestandteil ihrer selbst macht. Sie schafft die bestmögliche Atmosphäre für das Gedeihen dieses Lebens in sich, und gebiert es. Frauen sind im wesentlichen Mütter, sie erschaffen Leben. Es besteht in allen Männern ein verstecktes Verlangen, wieder von bedingungsloser Mutterliebe umhüllt zu sein. Dies ist einer der subtilen Gründe für die Anziehungskraft, die sie Frauen gegenüber verspüren – weil ein Mann aus einer Frau geboren wird.

Niemand kann die Wirklichkeit der Mutterschaft in Frage stellen. Allerdings werden jene, die sich weigern, aus dem Kokon ihrer Engstirnigkeit herauszukommen, dies nie verstehen können. Man kann Licht nicht denen erklären, die nur Dunkelheit kennen.

Ist Gott ein Mann oder eine Frau? Die Antwort lautet, dass Gott weder männlich noch weiblich ist – Gott ist „Das". Aber wenn sie darauf bestehen wollen, dass Gott ein Geschlecht hat, dann ist er eher weiblich als männlich, denn das Männliche ist im Weiblichen enthalten.

Jede Person – ob Mann oder Frau – die den Mut hat, die geistigen Begrenzungen zu überwinden, kann den Zustand der universellen Mutterschaft erreichen. Das Grundprinzip der

Das Erwachen universeller mütterlicher Liebe

Mutterschaft ist so umfassend und gewaltig wie das Universum. Mit dieser Kraft in sich kann eine Frau die ganze Welt beeinflussen. Liebe und Mitgefühl eines Menschen in welchem die mütterlichen Eigenschaften erwacht sind, gelten nicht nur den eigenen Kindern, sondern allen Menschen, Tieren, Pflanzen, Felsen und Flüssen. Diese Liebe umfasst die Gesamtheit der Natur, alle Wesen. Für eine Frau, die zu wahrer Mutterschaft erwacht ist, sind alle Lebewesen ihre Kinder. Diese Liebe, diese fürsorgliche Liebe einer Mutter, ist göttliche Liebe – und das ist Gott.

Mehr als die Hälfte der Weltbevölkerung sind Frauen. Es ist daher ein großer Verlust, wenn man den Frauen die Freiheit nimmt, ihr Potential zum Ausdruck zu bringen und ihnen den ihnen gebührenden hohen Status in der Gesellschaft verweigert. Damit verliert die Gesellschaft den möglichen Beitrag der Frauen.

Wenn Frauen unterminiert werden, sind auch ihre Kinder schwach. Auf diese Weise verliert eine ganze Generation ihre Stärke und Vitalität. Nur wenn Frauen die Ehre gezollt wird, die ihnen gebührt, können wir eine lichtvolle und bewusste Welt schaffen.

Eine Ansprache von Sri Mata Amritanandamayi

Frauen können alle Aufgaben ebenso gut wie Männer erledigen, vielleicht sogar besser. Frauen verfügen über die Willenskraft und schöpferische Energie, jede Art von Arbeit zu verrichten. Amma kann dies aus ihrer eigenen Erfahrung heraus sagen. Um welchen Bereich es auch geht, die Frau kann außergewöhnliche Höhen erreichen. Das gilt besonders für den spirituellen Weg. Frauen verfügen dafür über die entsprechende geistige Reinheit und intellektuelle Kapazität. Aber bei allen Unternehmungen sollte der Anfang positiv sein. Ist der Beginn gut, werden Mitte und Ende automatisch gut, vorausgesetzt man hat Geduld, Glaube und Liebe. Ein unguter Anfang auf einem brüchigen Fundament ist einer der Gründe, warum Frauen im Leben so viel verpassen. Das Problem wird nicht allein dadurch gelöst, den Frauen in der Gesellschaft den gleichen Status wie den Männern einzuräumen, weil Frauen aufgrund von Mangel an richtigem Verständnis und Bewusstsein einen schlechten Start ins Leben haben. So versuchen die Frauen, das Ende zu erreichen ohne den Vorteil eines guten Anfangs zu besitzen.

Wenn wir das römische Alphabet lernen wollen, müssen wir mit ABC beginnen, nicht

Das Erwachen universeller mütterlicher Liebe

mit XYZ. Was entspricht dem ABC der Frauen? Worin besteht der Wesenskern der Frau und ihrem Leben? Die Antwort darauf lautet: Es sind ihre angeborenen, grundlegenden Eigenschaften der Mütterlichkeit. Für welchen Arbeitsbereich sich eine Frau auch entscheiden mag, sie sollte diese Tugenden, mit denen Gott oder die Natur sie gesegnet hat, nicht vergessen. Eine Frau sollte bei all ihren Tätigkeiten fest in diesen Qualitäten verankert sein. So wie das Alphabet mit ABC beginnt, so ist die Qualität der Mütterlichkeit die grundlegende Eigenschaft einer Frau. Sie sollte diesen wesentlichen Teil ihrer selbst nicht außer Acht lassen, wenn sie sich zu anderen Ebenen fortbewegt.

Es gibt viele Kräfte in den Frauen, die man im Allgemeinen bei Männern nicht findet. Eine Frau verfügt über die Fähigkeit, sich in verschiedene Aspekte aufzuteilen. Im Gegensatz zum Mann kann sie viele Dinge gleichzeitig tun. Sie hat das Talent, alle Handlungen mit großer Schönheit und Vollkommenheit auszuführen. Auch in ihrer Mutterrolle kann sie viele Aspekte ihres Wesens zur Geltung bringen – sie muss warmherzig und zärtlich sein, stark und beschützend, andererseits auch streng und disziplinierend. Nur selten sehen

Eine Ansprache von Sri Mata Amritanandamayi

---

wir solches Zusammenfließen von unterschiedlichen Eigenschaften bei Männern. Deshalb haben Frauen in der Tat eine größere Verantwortung als Männer. Die Frauen halten die Zügel von Integrität und Einheit in Familie und Gesellschaft in ihren Händen.

Der Geist eines Mannes identifiziert sich leicht mit seinen Gedanken und Handlungen. Männliche Energie kann mit stehendem Wasser verglichen werden, sie ist nicht fließend. Geist und Intellekt eines Mannes haften meist an der Arbeit, die er gerade verrichtet. Es fällt ihm schwer, seine Aufmerksamkeit von einem Brennpunkt zum anderen zu verschieben. Deswegen vermischen sich bei vielen Männern das Berufs- und Familienleben. Die meisten können beides nicht auseinanderhalten. Frauen hingegen ist diese Fähigkeit angeboren. Beim Mann ist die Tendenz, seine berufliche Persönlichkeit nach Hause zu bringen und sich gegenüber Frau, Kindern und Verwandten entsprechend zu verhalten, tief verwurzelt. Die meisten Frauen sind in der Lage, Berufs- und Familienleben auseinander zu halten.

Weibliche Energie, bzw. die Energie einer Frau, fließt wie ein Fluss. Dadurch fällt es einer

Das Erwachen universeller mütterlicher Liebe

Frau leicht, eine Mutter, Gattin und gute Freundin zu sein, die ihrem Mann Zuversicht vermittelt. Sie hat die spezielle Gabe, die ganze Familie zu lenken und zu beraten. Berufstätige Frauen sind durchaus fähig, auch in diesem Bereich erfolgreich zu sein.

Die Kraft ihrer angeborenen, ureigenen weiblichen Fähigkeiten hilft der Frau, in sich selbst ein tiefes Gefühl von Frieden und Harmonie zu finden. Dies befähigt sie, gleichzeitig zu überlegen und zu reagieren, während bei Männern die Neigung zu reagieren stärker ausgeprägt ist. Eine Frau kann die Leiden anderer Menschen anhören und mit Mitgefühl darauf antworten; und doch ist sie einer herausfordernden Situation gewachsen und kann ebenso stark reagieren wie jeder Mann.

In der heutigen Welt ist alles verschmutzt und unnatürlich. In solcher Umgebung sollte die Frau besonders darauf achten, dass ihre mütterlichen Eigenschaften, ihr Wesen als Frau nicht beschmutzt und verunstaltet wird.

Tief im Innern jeder Frau existiert ein Mann und tief im Innern jedes Mannes eine Frau. Diese Wahrheit wurde von den großen Heiligen und Sehern vor langen Zeiten in der Meditation erkannt und liegt dem *Ardhanariswara*-Konzept (halb Gott und halb Göttin) des hinduistischen Glaubens zugrunde. Ob man nun eine Frau oder ein Mann ist, das wahre Menschenwesen wird erst dann zum Vorschein kommen, wenn sich die weiblichen und männlichen Eigenschaften in einem im Gleichgewicht befinden.

Auch die Männer haben sehr durch die Verbannung des femininen Prinzips aus der Welt gelitten. Wegen der Unterdrückung der Frauen und des weiblichen Aspekts in den Männern ist ihr Leben unvollständig und oft schmerzhaft geworden. Auch für die Männer gilt die Notwendigkeit, ihre weiblichen Eigenschaften zu wecken. Sie brauchen die Entwicklung von Mitgefühl und Verständnis in ihrer Einstellung zur Frau und in ihrem Bezug zur Welt.

Statistiken zeigen, dass Männer, nicht Frauen, bei weitem die meisten Verbrechen und Morde in dieser Welt begehen. Es gibt auch einen tiefen Zusammenhang zwischen der Art und Weise, wie Männer Mutter Natur zerstören und ihrer Haltung gegenüber Frauen. Die Natur sollte in unserem Herzen die gleiche Bedeutung haben wie unsere leibliche Mutter.

Nur die grundlegenden weiblichen Eigenschaften wie Liebe, Mitgefühl und Geduld können die tief verwurzelte Neigung der Männer zu Aggressivität und Überaktivität vermindern. Ebenso gibt es Frauen, die männliche Eigenschaften benötigen, damit ihre gute und sanfte Natur nicht lähmend auf ihre Handlungsfähigkeit wirkt.

Frauen sind die Kraft und das eigentliche Fundament unserer Existenz in der Welt. Wenn sie den Bezug zu ihrem wahren Selbst verlieren, verschwindet die Harmonie der Welt und Zerstörung macht sich breit. Es ist deshalb von größter Wichtigkeit, dass die Frauen überall jede Anstrengung erbringen, um ihre grundlegende Natur wieder zu entdecken, denn nur so können wir diese Welt retten.

Was die heutige Welt wirklich braucht, ist ein Zusammenwirken zwischen Männern und Frauen, das auf einem starken Sinn für Einheit in Familie und Gesellschaft beruht. Kriege und Konflikte, alles Leiden und der Mangel an Frieden in der gegenwärtigen Welt werden sich mit Sicherheit deutlich vermindern, wenn Frauen und Männer miteinander kooperieren und sich gegenseitig unterstützen. Solange die Harmonie zwischen dem Männlichen und dem Weiblichen, zwischen Mann und Frau, nicht wiederhergestellt

Eine Ansprache von Sri Mata Amritanandamayi

---

ist, wird Frieden weiterhin ein weit entfernter Traum bleiben.

Es gibt in der Welt zwei Arten von Sprache: Die Sprache des Intellekts und die Sprache des Herzens. Die Sprache des trockenen, rationalen Intellekts liebt es zu argumentieren und anzugreifen. Sie ist von Natur aus aggressiv. Sie ist rein männlich, lieblos und ohne Sinn für Verbundenheit. Wer sie spricht, sagt: „Ich habe nicht nur recht und du hast unrecht, sondern ich muss das außerdem noch um jeden Preis beweisen, damit du auf mich eingehst." Wer auf diese Weise vorgeht, kontrolliert andere gerne und macht sie zu Puppen, die nach seiner Pfeife tanzen. Er versucht, den anderen die eigenen Vorstellungen aufzuzwingen. Die Herzen solcher Menschen sind verschlossen und sie bedenken selten die Gefühle anderer. Ihre einzige Sorge ist das eigene Ego und ihre hohle Idee von Sieg.

Die Sprache des Herzens, der Liebe, die dem weiblichen Prinzip angehört, ist ganz anders. Wer sie spricht, kümmert sich nicht um sein Ego. Es besteht kein Interesse daran zu beweisen, dass man Recht hat und alle anderen Unrecht. Sie sind tief um ihre Mitmenschen besorgt und möchten helfen, unterstützen und aufrichten.

Das Erwachen universeller mütterlicher Liebe

In ihrer Gegenwart vollzieht sich auf natürliche Weise eine Wandlung. Sie vermitteln konkrete Hoffnung und Licht in dieser Welt. Wer sich ihnen nähert, erfährt eine Neugeburt. Wenn solche Menschen sprechen, geht es ihnen nicht darum zu belehren, zu beeindrucken oder zu argumentieren; es geschieht eine echte Vereinigung der Herzen.

Wahre Liebe hat nichts mit Lust oder Ichbezogenheit zu tun, denn man selbst ist dabei nicht wichtig, sondern der andere. Bei echter Liebe ist der andere nicht Werkzeug zur Befriedigung unserer selbstsüchtigen Wünsche, sondern man ist ein Werkzeug des Göttlichen mit der Absicht, in der Welt Gutes zu tun. Liebe opfert die anderen nicht, vielmehr verschenkt sie sich freudig. Liebe ist uneigennützig. Damit ist jedoch nicht die aufgezwungene Selbstlosigkeit von Frauen gemeint, die wie Objekte behandelt und in den Hintergrund geschoben werden. Bei wahrer Liebe fühlt man sich nicht wertlos, im Gegenteil, man weitet sich aus und wird mit allem eins, allumfassend, ewig glückselig.

Unglücklicherweise überwiegt in der heutigen Zeit die Sprache des Intellekts und nicht diejenige des Herzens. Selbstsucht und die

Eine Ansprache von Sri Mata Amritanandamayi

Augen sinnlicher Begierde – nicht die der Liebe – dominieren die Welt. Engherzige Menschen beeinflussen schwache Gemüter und benutzen sie zur Erfüllung selbstsüchtiger Ziele. Die alten Lehren der Weisen wurden verzerrt, um sie dem engen Rahmen eigennütziger Wünsche der Männer anzupassen. Das Konzept der Liebe wurde entstellt. Deshalb ist die Welt voller Konflikte, Gewalt und Krieg.

Die Frau ist die Schöpferin der Menschheit. Sie ist der erste Guru, Führer und Lehrer. Bedenken wir einmal die gewaltigen positiven oder negativen Kräfte, die ein einziger Mensch in der Welt freisetzen kann! Jeder von uns hat weitreichenden Einfluss auf andere, ob wir uns dessen bewusst sind oder nicht. Die Verantwortung einer Mutter hinsichtlich beeinflussender und inspirierender Wirkung auf ihre Kinder darf nicht unterschätzt werden. Es ist viel Wahrheit in der Aussage, dass hinter jedem erfolgreichen Mann eine starke Frau steht. Überall, wo man glückliche, friedliche Menschen sieht, Kinder mit noblen Eigenschaften und guten Anlagen, oder Männer, die bei Misserfolg und in schwierigen Situation immense Stärke zeigen, wo man Menschen erlebt, die über ein großes Maß an

Das Erwachen universeller mütterlicher Liebe

Verständnis, Sympathie, Liebe und Mitgefühl für Leidende verfügen und die sich für andere einsetzen, findet man meist eine großartige Mutter, die sie dazu anregte, das zu werden, was sie sind.

Die Mütter sind am fähigsten, die Samen von Liebe, universeller Verbundenheit und Geduld in den Geist der Menschen zu säen. Zwischen Mutter und Kind besteht eine besondere Verbindung. Die inneren Eigenschaften einer Mutter werden selbst durch ihre Milch auf das Kind übertragen. Die Mutter versteht das Herz ihres Kindes; sie lässt ihre Liebe zu ihm fließen, lehrt es die positiven Lebenswerte und korrigiert seine Fehler. Wenn wir über ein Feld mit jungem Gras gehen, entsteht sehr schnell ein Pfad. Die guten Gedanken und positiven Werte, die wir in unseren Kindern anlegen, werden ihnen immer bleiben. Es ist leicht, den Charakter eines Kindes zu formen, solange es noch sehr jung ist, und sehr viel schwieriger, wenn es größer wird.

Als Amma einmal in Indien Darshan gab, kam ein junger Mann zu ihr. Er lebte in einer Gegend, wo Terrorismus wütete. Die Menschen litten dort sehr unter häufigen Morden und Plünderungen. Der junge Mann erzählte Amma, dass er der Leiter einer Gruppe von Jugendlichen sei, die viel soziale Arbeit leiste. Er bat Amma: „Bitte gib den Terroristen, die so voller Hass und Gewalttätigkeit sind, das richtige Verständnis. Und bitte fülle die Herzen derjenigen, die all die Greueltaten erlebt haben und so viel litten, mit dem Geist der Vergebung. Sonst wird die Situation nur noch verschlimmert und die Gewalt hört nie auf."

Amma war hoch erfreut über sein Gebet für Frieden und Vergebung. Als sie ihn fragte, warum er ein Leben der Sozialarbeit gewählt habe, antwortete er: „Meine Mutter regte mich dazu an. Meine Kindheit war düster und voller Schrecken. Als ich sechs Jahre alt war, musste ich mit eigenen Augen zusehen, wie mein friedliebender Vater von Terroristen brutal ermordet wurde. Mein Leben war zu Grunde gerichtet. Ich war voller Hass gegen diese Mörder und wollte nur Rache. Aber meine Mutter änderte meine Einstellung. Wenn ich äußerte, dass ich den Tod meines Vaters eines Tages rächen würde, sagte sie immer: „Sohn, wird dein Vater wieder lebendig, wenn du diese Leute tötest? Sieh, wie schwierig das Leben ohne Vater für unsere Familie ist. Schau mich an, wie mühsam ich mit Arbeit in fremden Häusern für den Unterhalt der Familie sorgen muss. Und wie sehr leidest du selbst darunter, dass du ohne Vaterliebe aufwachsen musstest. Möchtest du, dass mehr Mütter und Kinder so leiden wie wir? Die Intensität des Schmerzes wäre für sie dieselbe. Versuche, den Mördern deines Vaters ihre schreckliche Tat zu vergeben und verbreite statt dessen die Botschaft von Liebe und universeller Bruderschaft." Als ich älter wurde, erhielt ich von verschiedenen Terroristenkreisen Aufforderungen, ihnen beizutreten, um den Tod meines Vaters zu vergelten. Aber die Samen der Vergebung, die meine Mutter gesät hatte, trugen Frucht und ich lehnte ab. Es gelang mir auch, einigen Jugendlichen den gleichen Rat zu geben, den ich von meiner Mutter erhalten hatte. Dies bewirkte bei vielen einen Sinneswandel und sie verrichten nun mit mir zusammen Sozialarbeit."

Die Liebe und das Mitgefühl, die dieser Jugendliche statt Hass in die Welt einzugeben beschloss, entsprang der Quelle der Liebe seiner Mutter.

Auf diese Weise, über die Einwirkung auf ihr Kind, beeinflusst eine Mutter die Zukunft der Welt. Eine Frau, deren Mütterlichkeit erweckt ist, bringt überall, wo sie sich befindet, den Himmel auf Erden. Nur Frauen können eine friedliche,

Eine Ansprache von Sri Mata Amritanandamayi

glückliche Welt schaffen. Und so kommt es, dass die Hand, welche die Wiege des Säuglings schaukelt, die Lampe hoch hält und Licht auf die Welt scheinen lässt.

Männer sollten den Vormarsch einer Frau zu ihrem rechtmäßigen Platz in der Gesellschaft nie behindern, sondern einsehen, dass der volle Beitrag der Frauen an die Welt lebenswichtig ist. Die Männer sollten ihnen den Weg freigeben, nein, ihn sogar ebnen, damit ihr Vorankommen reibungsloser wird.

Eine Frau sollte sich ihrerseits überlegen, was sie der Gesellschaft geben anstatt von ihr nehmen kann. Eine solche Haltung wird mit Sicherheit zu ihrem Fortschritt beitragen. Es sollte unterstrichen werden, dass eine Frau von niemandem etwas zu erhalten oder zu nehmen braucht. Sie muss lediglich aufwachen. Dann wird sie in der Lage sein, das beizutragen, was immer sie zur Gesellschaft beitragen möchte und sie wird alles erhalten, was sie braucht.

Anstatt in den vier Wänden ihrer Küche einzurosten, ist es besser heraus zu kommen, um ihre Fähigkeiten für andere einzusetzen und ihr Lebensziel zu erfüllen. Heute, wo Wettstreit und Zorn überall an der Tagesordnung sind, schaffen die Geduld und Toleranz der Frauen die in der Welt vorhandene Harmonie. So wie ein vollständiger Stromkreis vom Vorhandensein positiver und negativer Pole abhängt, so ist auch der Lebensfluss in seiner ganzen Fülle von der Gegenwart und dem gemeinsamen Beitrag von Frauen und Männern abhängig. Nur wenn Männer und Frauen sich gegenseitig ergänzen und unterstützen, können sie innerlich aufblühen .

Im Allgemeinen leben die heutigen Frauen in einer Welt, die durch und für Männer gestaltet wurde. Frauen brauchen diese Welt nicht; sie sollten ihre eigene Identität bestimmen und damit eine Neuerung der Gesellschaft bewirken. Allerdings sollten sie die wahre Bedeutung von Freiheit nicht vergessen. Sie ist kein Freibrief dafür, sich so zu verhalten und zu leben, wie es einem gerade passt, ohne an die Folgen für andere zu denken. Freiheit bedeutet keineswegs, dass Ehefrauen und Mütter vor ihren Familienpflichten davonlaufen können. Freiheit und Aufstieg der Frau müssen in ihr selbst beginnen. Damit die *shakti*, oder reine Kraft, erwachen und wirken kann, muss die Frau sich zuerst ihrer eigenen Schwächen bewusst werden. Mit Willenskraft, selbstlosem Dienst und spirituellen Übungen kann sie diese Schwächen dann überwinden.

Im Verlaufe ihrer Bemühungen, die rechtmäßige Stellung in der Gesellschaft wieder zu gewinnen, sollten die Frauen nie ihre grundlegende Natur einbüßen. Diese Tendenz ist in vielen Ländern zu beobachten. Das kann jedoch niemals dazu beitragen, echte Freiheit zu erlangen. Es ist unmöglich, wahre Freiheit zu gewinnen, indem man äußerlich Männer nachahmt. Wenn die Frauen selbst den femininen Prinzipien den Rücken kehren, wird das in völligem Versagen der Frauen und der Gesellschaft gipfeln. Dann werden die Probleme der Welt nicht gelöst, sondern nur verschärft. Wenn Frauen ihre weiblichen Qualitäten zurückweisen und versuchen, wie Männer zu werden, indem sie nur ihre männlichen Eigenschaften pflegen, wird das Ungleichgewicht in der Welt noch größer. Dies entspricht nicht dem Bedürfnis dieses Zeitalters. Was wirklich Not tut ist, dass Frauen alles was sie können zur Gesellschaft beitragen, indem sie sowohl ihre mütterlichen als auch ihre männlichen Eigenschaften entwickeln.

Solange die Frauen sich nicht bemühen aufzuwachen, sind sie in gewisser Weise selbst dafür verantwortlich, wenn sie sich ihre eigene, beschränkte kleine Welt schaffen. Je tiefer sich eine Frau mit ihrer Mütterlichkeit identifiziert, desto mehr erwacht sie zu jener *shakti*, oder reinen Kraft. Wenn Frauen diese Kraft in sich entwickeln, wird die Welt zunehmend auf ihre Stimme hören.

Viele lobenswerte Einzelpersonen und auch Organisationen wie die UNO unterstützen das Fortschreiten der Frauen. Diese Konferenz bietet uns eine Gelegenheit, auf diesem Fundament aufzubauen.

Amma möchte einige Anregungen geben:

1. Führungspersönlichkeiten im Bereich von Religionen sollten jede Anstrengung unternehmen, um ihre Anhänger zum wahren Kern von Spiritualität zurück zu führen, und in diesem Licht alle Formen der Unterdrückung und Gewalt an Frauen zu verurteilen.

2. Die UNO sollte in Kriegsgegenden und Konfliktzonen anwesend sein, um für besonders gefährdete Frauen und Kinder sichere Bereiche zu garantieren.

3. Alle Religionen und Nationen sollten solch beschämende Praktiken wie das Töten von weiblichen Föten und Kleinkindern sowie genitale Verstümmelung von Frauen verurteilen.

4. Kinderarbeit sollte untersagt werden.

5. Das Mitgift-System sollte abgeschafft werden.

6. Die UNO und die Führungskreise aller Nationen sollten ihre Bemühungen verstärken, um Kinderhandel und sexuelle Ausbeutung junger Mädchen zu stoppen. Die rechtlichen Folgen solchen Verhaltens sollten eine wirksame Abschreckungskraft haben.

7. Die Zahl der Vergewaltigungen auf der ganzen Welt ist erschreckend hoch. Und die Tatsache, dass in manchen Ländern die Opfer der Vergewaltigung bestraft werden, ist unverständlich. Können wir nur dastehen und tatenlos zuschauen?

Es sollte eine gemeinsame internationale Anstrengung mit dem Ziel unternommen werden, junge Männer zu erziehen, um den

Vergewaltigungen und anderen Formen der Gewalt ein Ende zu setzen.

8. Die Würde der Frauen wird durch Reklame angegriffen, die sie als Sexobjekte behandelt. Wir sollten solche Ausnützung nicht tolerieren.

9. Religiöse FührerInnen sollten ihre Anhänger ermutigen, selbstlosen Dienst zu einem Bestandteil ihres Lebens zu machen.

10. Mangelhafte Erziehung und Armut sind die Hauptgründe für Rückschläge, mit denen sich heutzutage viele Frauen abfinden müssen. Die UNO und die Regierenden jeder Nation sollten Projekte zur Ausbildung von Frauen und zur Ausrottung der Armut unter Frauen schaffen.

Das Wesentliche der Mütterlichkeit ist nicht auf Frauen beschränkt, die Kinder zur Welt gebracht haben; es handelt sich vielmehr um ein Prinzip, das sowohl in Frauen, als auch in Männern vorhanden ist. Es geht um eine innere, geistige Haltung. Es ist Liebe und diese Liebe ist der eigentliche Lebensatem. Niemand würde sagen: „Ich werde nur atmen, wenn ich mit meiner

Eine Ansprache von Sri Mata Amritanandamayi

Familie und meinen Freunden zusammen bin. Wenn mir Feinde gegenüberstehen, werde ich nicht atmen." Ähnlich ist es für jene, bei welchen die Mütterlichkeit erwacht ist. Liebe und Mitgefühl sind so sehr ein Bestandteil ihres Seins geworden wie der Atem.

Amma ist der Auffassung, dass das kommende Zeitalter dem Wiedererwecken der heilenden Kraft von Mütterlichkeit gewidmet sein sollte. Das ist der einzige Weg, um unseren Traum von Frieden und Harmonie für alle zu realisieren. Und es ist in der Tat möglich! Es liegt einzig und allein an uns. Mögen wir uns immer daran erinnern und voranschreiten.

Amma möchte allen danken, die an der Organisation dieses Gipfeltreffens beteiligt waren. Sie weiß ihre Bemühungen, den Frieden in diese Welt zu bringen, sehr zu schätzen. Möge die Saat des Friedens, die wir heute hier säen, für alle Früchte tragen.

Om Namah Shivaya

www.ingramcontent.com/pod-product-compliance
Lightning Source LLC
Chambersburg PA
CBHW061957070426
42450CB00011BA/3181